仕事の処方箋

若い君に贈る50のルール

小杉 樹彦
株式会社Brave New World 代表取締役CEO
上武大学 ビジネス情報学部 専任講師

「君(きみ)がいて良(よ)かった」は、
最高(さいこう)の褒(ほ)め言葉(ことば)

Prologue

「人生そのものが試行錯誤の過程である」

実業家のアルフレッド・スローン*は、かつてこう述べたという。

私が教育の道に入ってから早10年以上の月日が経った。

その間、実業家として教育ベンチャーの経営に携わりながら、10～20代を中心に多くの方のキャリア相談を受けてきた。

また、現在は大学で教鞭を執るかたわら、教育評論家としても活動を続けている。

私自身、これまでの働き方を振り返ると、まさに試行錯誤の連続だった。

「どう働くか」

この命題に対して、唯一絶対の答えがあるわけではない。

しかし、それらしき答えを模索する中で、私なりの指針は得ることができた。

---

*アルフレッド・スローン
1875～1966年。アメリカ合衆国のゼネラルモーターズで長年社長を務め、ゼネラルモーターズを全米のみならず世界最大級の製造業へと成長させた。社会貢献にも熱心であった。

それは次の一言に凝縮されている。

「君がいて良かった」

私はこの一言にこそ、働き方の本質が隠されているのではないかと考えるに至った。

この一言は、働く上での最高の褒め言葉である。

そもそも、働くことの前提には「社会貢献」が土台としてある。

世のため、人のために働くことが本来の仕事の意義と言える。

だとすれば、この一言を追求することで、時代が変わっても決してブレることのない軸があなたの中にできるのではないだろうか。

私はそう確信している。

本書はこの指針のもと、「働き方」について私が思索してきた50のルールをまとめたものである。

経験や立場を問わず、あらゆる業界で通用する、限りなく本質的な法則と言えるだろう。

特に、次のような人に本書を強くおすすめしたい。

●「君がいて良かった」と言われたい人

●身近に働き方の「お手本」がいない人
●大切な人によい働き方をしてほしい人

本書は七つのChapterから構成されている。

Chapter１では、「時間管理」についてのルールをまとめた。
Chapter２では、「お金」についてのルールをまとめた。
Chapter３では、「健康管理」についてのルールをまとめた。
Chapter４では、「学び」についてのルールをまとめた。
Chapter５では、「対人関係」についてのルールをまとめた。
Chapter６では、「キャリア選択」についてのルールをまとめた。
Chapter７では、「生産性」についてのルールをまとめた。

各Chapterの末尾にはＭＥＭＯを設けているので、適宜活用してほしい。

時代は平成から令和へと移り変わった。

国が「働き方改革」を掲げ、さまざまな施策に取り組んでいた矢先の２０２０年、新型コロナウイルスの感染拡大の影響により、経済の停滞を余儀なくされた。

いまだ閉塞した社会に出口は見えていない。

しかし、どれだけ変化の激しい時代になろうとも、働き方の本質は変わらないはずだ。

本書があなたの働き方を考える上での一助となれば、著者としてこれほど嬉しいことはない。

目次

Chapter 2 「お金」のルール

Chapter 3 「健康管理」のルール

Chapter 6 「キャリア選択」のルール

Chapter1
「時間管理」のルール

01

「1日24時間」は普遍のルール

「君がいて良かった」と言われる人は、
時間は命と考える。

先生が学校で教えてくれなかった真実を告白しよう。

世の中は「不公平」だ。

仕事はもちろんのこと、受験、スポーツ、恋愛……、どんな分野においても、平等などあり得ない。

「努力は報われる」という言葉は、響きはよくても所詮、気休めに過ぎない。

残酷かもしれないが、これが現実だ。

しかし、それでもたった一つだけ、すべての人に一律公平に与えられたものがある。

それが「時間」である。

老若男女問わず、誰であろうが、貴族だろうがこの事実は変わらない。

どんなに科学技術が発達しても時間は絶対的に公平なのだ。

ただし、時間は使い方次第でその「質」が激変する。

同じ時間を与えられても、有意義な時間にする人もいれば、ムダな時間を過ごす人もいる。

1日が24時間というのは不変のルールだが、それを10時間分に薄めて使うか、27時間、28時間と感じるくらいに濃密な時間を過ごすかはあなた次第だ。

「TIME IS MONEY」

「時は金なり」という格言があるが、時間はお金よりもはるかに大切である。

「TIME IS LIFE」

時間は「命の断片（だんぺん）」なのだ。

貴重な時間を自分が勝負をかけるべきことに集中的に使おう。
あなたに残された時間は限られている。
そのことを強烈に意識づけることからすべては始まる。
まかり間違っても「今日は一日もったいなかったな……」と思いながら夜を迎えることだけは避けたい。

02

締め切りを守れないのは半人前の証

「君がいて良かった」と言われる人は、「時間厳守」を徹底する。

「君がいて良かった」と言われる働き方を遠ざける最大の敵とは何か？

それは「遅刻」である。

時間を守れない人は、どの業界に行っても例外なく信用されない。

「半人前」扱いされるのがオチだ。

「何を当たり前な……」と思うかもしれないが、果たしてどれだけの人が時間を厳守できているだろうか？

例えば、厳しく提出期限が決められている仕事の締め切りがあったとしよう。

「一日でも遅れたら、一緒に仕事をする人に迷惑をかけてしまう」

まさに責任重大な仕事である。

それだけ厳密な締め切りが設けられているにも関わらず、あなたの周りに平気で期限を破るルーズな人がいないだろうか。

「締め切りを確実に守れる」

それだけであなたは平均以上の評価を受けることができる。

これはまぎれもない事実だ。

世の中には、この単純なルールを守れない人が山ほどいる。

口うるさく、「締め切りに遅れないように」と言われても、期限に間に合わすことができないのだ。

頭ではわかっていても、行動が伴わないのであれば、それは理解していないのと同じこと。

締め切りには1分、1秒たりとも遅れてはならない。

たった1秒であなたの評価は一変する。

「人財」から「人罪」へとジェットコースターのごとく急降下するのだ。

「忙しい」は言い訳にならない。

そんな言い訳をしている暇があったら、さっさと次の締め切り期日の確認をしよう。

「君がいて良かった」と言われる働き方をしたいなら、「時間厳守」こそがその絶対条件であることを覚えておこう。

03

そもそも、その仕事はすべきか？

「君がいて良かった」と言われる人は、
無駄な勝負に手を出さない。

あなたに与えられた時間は限られている。

そのことを意識した際、「君がいて良かった」と言われる働き方をするために自問自答してほしいことがある。

それは「そもそも、勝負すべきか」ということだ。

音楽家、ナディア・ブーランジェ*は言った。


「何をやるにも絶対に必要なもの。それは何をやるか選んで、それを愛し、夢中で取り組むことです」


世の中は仕事で溢れかえっている。

それらすべてに取り組んでいる暇はない。

よって、どの仕事に取り組むか、決める必要がある。

そうすれば、「ここぞ」という時に最高のパフォーマンスを発揮することができる。

「君がいて良かった」と言われる働き方をする人は、一回一回の仕事に闘魂を注入する。

そのためにも、不毛な戦いには一切、手を出さない。

---

*ナディア・ブーランジェ
1887～1979年。フランスの作曲家・指揮者・ピアニスト・教育者（大学教授）。最高水準にある音楽教師の一人として知られ、20世紀の最も重要な作曲家や演奏家の数々を世に送り出した。

長く仕事を続けていれば、「ここは落とせない」という局面が必ず訪れる。

そうした「絶対に勝たなくてはいけない試合」できっちり勝つ。

それが「君がいて良かった」と言われる働き方の王道だ。

他の人でも代替可能な仕事は躊躇なく、周りの適任者に振ろう。

「あなたでなくてもできる仕事」ばかりしていると、あなたの価値で勝負しなければならない時に本領発揮できない。

人生には勝負しなければならない時がある。

その時に100%、120%の力を発揮できるかどうか。

そこが評価の分かれ目となる。

「君がいて良かった」と言われる働き方をしている人は例外なく、本番に強い。

「そもそも、この仕事はすべきか?」

仕事に取り組む前に、そう自問自答しよう。

04

一日(いちにち)の始(はじ)まりは「TO DOリスト」から

「君がいて良かった」と言われる人は、一日のスタートが早い。

世の中には2種類の仕事がある。

「よい仕事」と「どうでもよい仕事」だ。

あなたはこれらを特に意識せずに、後者を優先してしまっていることはないだろうか？

取り組むべき仕事を見定めるためにも、一日の始まりに、真っ先に行ってほしいことがある。

それは「TO DOリスト」の作成だ。

リストをつくることで、一日の流れを頭に入れるのだ。

仕事に取りかかる前に、まずは一日のスケジュールを書き出そう。

ザックリとした箇条書きでよい。

7〜8項目くらい羅列できるはずだ。

紙は広告の裏紙でも構わない。

一覧にしたら、それを持ち歩き、一つクリアするごとに線を引いて消していこう。

線を引く度に達成感を味わえるはずだ。

一日の終わりに、書き出した項目すべてを消すことができたらミッションクリアである。

その達成感は、言葉では言い表せないほど清々しい。

スケジュールを書き出すことで、今日一日、自分がどう動くのか、シミュレーションできる。

また、それを踏まえて仕事に「優先順位」をつけることができる。

予定通りに仕事が進むことは多くない。
だからこそ、効率的な仕事をするためにはこの作業が絶対不可欠なのだ。
ちなみに、優先順位は「時間帯」で決めるとよいだろう。
あなたは「時間帯と能率の関係」を知っているだろうか?
一日の中で最も生産性が上がる「ゴールデンタイム」といわれる時間帯がある。
それは、「朝起きてから午前10時まで」だ。
それから、午後2時くらいまで生産性がいったん落ち、その後、再び上昇する。
そして、20時以降は急降下するというサイクルだ。
一日のスタートを早く切って、朝の時間帯を有効に使う。
それが「君がいて良かった」と言われる働き方をする人の時間活用法だ。

05

手帳(てちょう)は「アナログ」に限(かぎ)る

「君がいて良かった」と言われる人は、
何でもかんでもデジタルに流されない。

「君がいて良かった」と言われる働き方をする人が、こぞって愛用しているものがある。

「アナログ手帳」だ。

「今どきアナログ⁉」と意外に思われるかもしれないが、何を隠そう、私もアナログ派の人間である。

昨今はネット上でスケジュール管理ができる便利なツールが日々登場している。

しかし、どれほど使い勝手のよいネット管理システムも、紙でできたアナログ手帳は超えられない。

そのことを理解しているから、あの公安警察も重要な書類は紙ベースで管理しているという。

私が考えるスマホや電子手帳ではダメだと断言する理由は2点ある。

①記録のしやすさが違う。

②一目で全体を俯瞰できる。

これらの理由から、私は社会人デビュー以来、アナログ手帳を愛用している。

一つ目の理由について、ラクに、素早く、感覚的に書こうとしたとき、紙に勝るものはない。

アナログ手帳の方が実践に適しているのだ。

二つ目の理由について、ＰＣやスマホは、スクロールしなければ、一度に全体像を把握することができない。

画面が複数に分かれてしまうと、「スケジュールを見落とす」などのミスを起こしやすくなる。月単位、週単位のスケジュールもアナログ手帳の方が確認しやすい。

正直な話、アナログ手帳を持ち歩いているだけで、「仕事が……デキる感」はまるで違ってくる。実際、私の約10年間にわたる仕事の経験則ではあるが、デジタル手帳を使っている人よりも、アナログ手帳派の方が最適化された働き方をしているから興味深い。

06

50点でよいから「こまめな報告」

「君がいて良かった」と言われる人は、「常に完璧であること」を求めない。

「ほう・れん・そう」


それは、「君がいて良かった」と言われる働き方をする人にとっての必須スキルだ。

もちろん、野菜のホウレン草ではなく、「報告、連絡、相談」のことである。

これは仕事の生産性を高める重要なスキルだ。


「上司は自分のことをわかってくれない」


そう嘆く人がいる。

だが、上司もすべてを見ているわけではない。

あなたがどういう仕事ぶりかを完全に把握するのは、どんなスーパー上司であっても不可能だ。

そういう意味で言うと、ほう・れん・そうは単なる生産性を高めるスキルにとどまらず、あなたの能力を上司にアピールする絶好の機会になる。

とりわけ、「報告」についてはこまめに行おう。

思うように仕事が進んでいなければ、報告を先延ばしにしたくなる気持ちはわかる。

しかし、それは状況をもっと悪くするだけだ。

先に言えば「説明」。

後で言えば「言い訳」。


途中経過が100点である必要はない。

最終的に100点を上まわる「よい仕事」をすれば結果オーライ。

その方が断然、生産性も上がる。

あなたも部下から、「今ここまでできています、あとどれくらいで終わります」といった報告があれば、どれほど助かることか。

その後の仕事の目処が立つだろう。

「完璧でないといけない」と思い込むあまり、報告を怠る人によい仕事はできない。

芸術家、サルバドール・ダリ*は言った。

「完璧を恐れるな。完璧になんてなれっこないんだから」

---

*サルバドール・ダリ
1904～1989年。スペイン・フィゲーラス出身の画家。シュルレアリスムの代表的な作家として知られる。

07

10回の確認より、1回の「メモ」

「君がいて良かった」と言われる人は、
「メモの達人」である。

「ほう・れん・そう」を実行するために、欠かせない習慣がある。

10回の確認より、たった1回の「メモ」。

これが極意だ。

人は忘れる生き物だ。

あなたがどれだけ自分の記憶力に自信を持っていたとしても、すべてを暗記することは不可能である。

「すみません、失念（しつねん）しておりました」というフレーズを2回以上、同じ相手に使ったら、その人との信頼関係は築けないと思った方がよい。

せっかく、忘れないための「特効薬（とっこうやく）」があるにも関わらず、それを使わないのだから当然だろう。

仕事忘れの9割は「メモ」で解決できる。

凡ミスを防ぎたければ、横着（おうちゃく）せずにメモしよう。

メモをとる行為は、「私はあなたの話をしっかり聞いていますよ」という相手への敬意の表れでもある。

「君がいて良かった」と言われる働き方をする人はマメにメモをとる。

その姿はまるで、テレビドラマに出てくる現場聴取中の刑事のようだ。

かく言う私も、新入社員時代はメモが大の苦手だった。

自分の記憶力を過信して、暗記しようとしていたのだ。

今思えば、実に滑稽(こっけい)な話である。

当時は、ことあるごとに、「メモをとれ！」と上司から注意を受けていた。

それが今では、使いやすさ、書きやすさを意識し、メモにとことんこだわりを持っている。

手帳は「モレスキン」。

ペンは「PILOT VCORN 直液式水性ボールペン」。

これらの愛用品は、私の生産的な仕事を支えてくれる。

あなたも自分のお気に入りを見つけてほしい。

メモの習慣がついたことで、飛躍的に仕事の生産性が向上したことは言うまでもない。

08

マイペースなハイペース

「君がいて良かった」と言われる人は、
「10分前行動」が当たり前。

「マイペースな人間は、周囲の足を引っ張る」


そう批判されることがある。

しかし、これはあくまで「スローペース」に限った話だ。

人より早く進む分には、誰からも文句を言われない。

それどころか、「仕事が早い人」という評価を受け、上司、同僚、部下、あらゆる職場の人間かららから一目置かれるようになる。

あなたが周囲から認められたいと思うなら、常に「マイペースなハイペース」を貫く必要がある。

他の人のペースを気にせず働きながら、結果として「君がいて良かった」と言われるのなら、これ以上のことはない。


スピード！

スピード‼

スピード!!!


働く上で、「スピード感」があるということは強力な武器になり得る。

「仕事はすべてフライング」

そのくらいの気持ちでいてちょうどよい。

そのためにも、私はあることを心がけている。

ズバリ、「10分前行動」である。

10分前を意識して、やっと5分前行動ができると思っていた方がよい。

それが、ハイペースを保つ秘訣である。

この10分のフライングこそが、「君がいて良かった」と言われる人から漂う余裕の正体なのだ。

陸上競技においてフライングは反則だが、仕事の世界ではむしろ、賞賛(しょうさん)に値することだと覚えておこう。

09

「三つの選択肢」を用意する

「君がいて良かった」と言われる人は、予期せぬ事態に対応する。

人生には「三つの坂」があるという。

一つ目は、「上り坂」、
二つ目は、「下り坂」、
三つ目は、「まさか」だ。

人生は思い通りにいかない。

予期せぬ事態はつきものである。

例えば、交通機関のトラブルは誰しも経験があるだろう。

急いでいるときに限って、電車が遅延したり、自動車の渋滞に巻き込まれたりするものだ。

「10分前行動」以外に、もう一つ時間に遅れない秘訣を教えよう。

それは、「選択肢は三つ用意すること」だ。

私は交通手段を確保するときは、いつも三つの選択肢を検討している。

仮に電車が止まってしまっても、バスで行けるように準備をしておくのだ。

「Ａパターンがダメなら Ｂパターン、Ｃパターン……」というように、何重にも保険をかける。

それにより、自分の心に余裕を持つことができるだけでなく、相手に対して絶対の安心感を与えることができる。

「あなたが遅れるなら、他の誰も定刻通りにはたどり着けないだろう」

そう思ってもらえるくらいの信頼を築くことができるのだ。

緊急事態が起きなければ、残り二つの選択肢が使われることはない。

それでも、こうした日の目を見ない下準備が、「君がいて良かった」と言われる人の働き方を支えているのだ。

【MEMO】

Chapter1 で気づいたことや考えたことがあれば、書き留めておこう。

切り取り

【MEMO】

Chapter1 で気づいたことや考えたことがあれば、書き留めておこう。

切り取り

Chapter2

「お金」のルール

10

お金は目的ではなく、「手段」

「君がいて良かった」と言われる人は、お金を価値交換の「道具」と心得る。

「君がいて良かった」と言われる働き方をする人は、お金との付き合い方を熟知している。

つまり、お金は「目的」にはなり得ない、どこまで行っても「手段（道具）」であると理解しているのだ。

「将来は年収1000万円プレーヤーを目指す」

このような目標を声高に掲げる人がいるが、目的と手段を取り違えた典型的な例だ。

「年収1000万円プレーヤー」になったら、その後の人生は白紙でも構わないというのだろうか？

そんなはずはあるまい。

繰り返すが、お金は価値交換の「道具」である。

稼いだ1000万円にはそれぞれの使い道がある。

「憧れのスポーツカーを購入したい」

「マイホームの頭金として使いたい」

「体調を崩した時の医療費に当てたい」

「コインコレクターのように、お金を集めるのが趣味」という人以外は、こうした何らかの用途があるはずだ。

いずれにせよ、お金そのものが目的になっている人に、お金を賢く使うことはできない。

最終的な目的がお金儲けになってしまうと、「君がいて良かった」と言われる働き方は実現できない。

ミュージシャン、エルビス・プレスリー*は言った。

「どこへ行きたいのかわからなければ、目的地に着いても気づかない」

あなたがお金を稼ぐ目的は何か、その答えは常に明確にしておこう。

***エルビス・プレスリー**

1935～1977年。アメリカのミュージシャン、映画俳優。全世界のレコード・カセット・CDなどの総売り上げは6億枚以上とされている。「キング・オブ・ロックンロール」と称される。

11

いくら稼(かせ)いだかより、「どう使(つか)ったか」

「君がいて良かった」と言われる人は、
思い出づくりに投資する。

お金で大切なことは、いくら稼いだかより「どう使ったか」である。
お金の使い方は人それぞれだが、「君がいて良かった」と言われる人は、とりわけモノより「思い出」を重視する。

モノより経験の方が長期的な幸せ感をもたらすという研究結果もある。
私たちは体験の蓄積でできている。
自分への投資として「体験」を積むのだ。
未知なる地へ旅に出よう。
映画を観て笑い、泣こう。
食の幸せを噛み締めよう。
ワクワクする体験をしよう。
それがあなたの財産になる。
精神科医、ジークムント・フロイト*は言った。
「衝動（しょうどう）があるところに、自分を置いてあげなさい」
特に、若いうちこそ、「自分」に投資してほしい。

---

*ジークムント・フロイト
1856～1939年。オーストリアの精神科医。神経症研究、自由連想法、無意識研究を行った。精神分析学の創始者として知られる。心理性的発達理論、リビドー論、幼児性欲を提唱した。

体験の価値は時間とともに増すからだ。

若ければ若いほど投資の回収期間も長くなる。

くれぐれも、自分への投資をケチってはいけない。

例えば、私はこれまで書籍代に惜しみなくお金を使ってきた。

読書は、よい仕事をする人にとっての潤滑油だ。

すこぶる質の高い投資ができる。

何冊読んだかは本質ではないが、それでも私の場合、新刊を含めて、最低月10冊は読んでいる。

そのリターンは計り知れないものがある。

お金に換算すると、飲み会2～3回分に満たないだろう。

実にコストパフォーマンスのよい勉強手段であることがわかる。

読書は後悔することが少ない投資の一つと言えるだろう。

「君がいて良かった」と言われる働き方をしたければ、あなたも悔いの残らないお金の使い方をしてほしい。

12

「感情(かんじょう)」と「論理(ろんり)」を整理(せいり)する

「君がいて良かった」と言われる人は、
一呼吸置いてから考える。

人の頭の中は、大きく二つにわけることができる。

一つは「感情」。

もう一つは「論理」。

この二つだ。

感情がない人間などいない。

存在するとしたら、それは人間の形をしたＡＩだ。

一方、まったくもって論理を無視して生きている人間もまたいない。

論理が破綻していれば、合理的な判断はできないからだ。

特に、お金を扱う際には、この「感情」と「論理」がぶつかり合う。

たった今、欲しいと感じたものがあるからといって、目に入ったものすべてを値段に関係なく買い続ければ、いずれは破産する。

感情が邪魔をして、合理的な判断ができないと、仕事はおろか、人生そのものを失うことになるのだ。

今、本当に必要なものは何かを論理的な頭で考える必要がある。

お金は、感情と論理をうまくコントロールできる人の所にやってくる。

だが、両者の使い分けが上手にできない人は多い。

そんな人の元へはお金はうまく巡ってこない。

無論、「君がいて良かった」と言われる働き方をする人は、論理的思考が身についている。

ゆえに、お金の使い方もすこぶる上手い。

あと先考えずに使っていたら、かけるべきところにお金が回っていかないことを理解しているのだ。

この投資は、「君がいて良かった」と言われる働き方をするために、本当に必要不可欠な投資なのか？

それとも、感情的に衝動買いしたいだけなのか？

一呼吸置いて考えてみよう。

もし、その答えが前者であるならば、惜しみなくお金を使えばよい。

13 「グレー」なことはしない

「君がいて良かった」と言われる人は、
お金関係が真っ白。

人には「良い所」と「悪い所」がある。
両方を持ち合わせているのが人間というものだ。
「100%善人」がいないように、「100%悪人」もいない。

「あの人は善い人だから人を騙すはずがない」
「この人は悪い人だからズルするに違いない」

こうして決めつけているうちは、人を理解することなどできない。
あなたの好かない上司にも良いところはきっとある。
お客さんにとっては良きパートナーかもしれない。
家庭に帰れば、良き夫であり、良き父かもしれない。
その人の一側面だけを見て判断することはできない。
白黒ハッキリつける必要はないのだ。
人間関係には、いわゆる「グレーゾーン」があってよい。
しかし、これが「お金」の話となると、別ものだ。
お金に関する話は「真っ白」なもの以外は関わってはいけない。

現時点で、「ひょっとしたら美味しいかも」と思えるグレーな話は、たいていの場合、長期的に見れば、「黒」に引っかかる可能性が極めて高いからだ。

一度、グレーなことをして、味をしめてしまったら、「この次も……」となってしまう。

そうなると、いよいよ負の連鎖の始まりだ。

本人は気づかないが、確実に黒に染まっていき、最終的に後悔する羽目になるのだ。

「他の人もこれくらいやっているから」という理由で、税金をチョロまかして逮捕される社長が、世の中にどれほどいることか……。

あなたがお金の話を持ちかけられて、その場で一瞬でも迷ったなら、乗らない方が賢明だ。

その勘は当たっていると思って間違いない。

お金に限っては、「グレーな話には乗らない」と肝に命じてほしい。

14

節約の前に「稼ぐ力」を養う

「君がいて良かった」と言われる人は、
最初から消費を削らない。

今の時代は何かにつけてお金がかかる。

あなたが考えている以上に、「稼ぐ力」が求められるようになったのではないだろうか。

一口に年収1000万円といっても、昔と今とでは意味合いが違う。

科学技術が発達した現代社会では、便利になった分、これまでかからなかった諸経費負担も増大した。

例えば、昭和初期にはインターネット代も、スマホ代もかからなかった。

また、現在は何か大きな健康問題を抱えたとき、まとまった額を持っていないと不安な時代でもある。

それらを考慮すると、生活にかかる費用は確実に増えているのだ。

現実的な話として、1000万円は目指すべき金額ではなく、実際に生活していく上で「必要な金額」なのだ。

お金を貯めようとすると、真っ先に節約を考える人は多い。

しかし、それは間違いだ。

「稼ぐ」ことに関して基礎体力を養わなければ、お金を貯めようにも、貯めるお金が入ってこない。節約しようにも、節約すべきお金がないという状況に陥ってしまう。

まずは、稼ぐ力を磨くことに神経を集中させた方がよい。

「君がいて良かった」と言われる働き方をする人は、根本的な稼ぐ力が備わっている。

早い段階で稼ぐ力を身につけられなかった人は、その後、苦境に立たされることになる。

だからこそ、私は声を大にして言いたい。

節約は大事だ。

だが、「稼ぐ力」はもっと大事だ。

15

「これで十分」というラインを決める

「君がいて良かった」と言われる人は、
目的と目標がクリアになっている。

「お金を稼ぐ」という行為に天井はない。

年収1000万円を稼げるようになれば、次のステップは1500万円、それをクリアしたら、2000万円の大台突破……。

そのように一段一段ステージが上がっていく。

お金が手元に流れてくるようになると、どうしても、「もっともっと」と欲が出てくる。

ここがお金の落とし穴なのだ。

「君がいて良かった」と言われる働き方をする人は、「自分はいくら必要なのか？」を心得ている。

「これで十分」というラインを決めているのだ。

それができるのは、前述したように、目的が明確だからだ。

目的を決めれば、自ずとそれを達成するために必要な金額も決まる。

もし、何らかの理由で一夜にして大金を手に入れたとしよう。

さて、あなたならどうするだろうか？

中には、我（われ）を忘れてしまう人もいる。

人は急激な変化に弱い。

だが、一部ではあるが、それに対応する術（すべ）を持った人がいる。

彼ら彼女らは、入念なイメージトレーニングを行っているのだ。

私自身、会社勤めを辞めたら、翌年の収入が3倍になった。

さらにその翌年にはその倍に収入が増えた。

もちろん、こうした状況にまったく戸惑(とまど)わなかったかといえばウソになる。

だが、舞い上がってしまい、自分自身を見失うようなことはなかった。

それは目的を明確にし、起業する前からイメージトレーニングをしていたからに他ならない。

あなたも目的を決めたら、その達成プランを繰り返しイメージし、自分にとって日常体験にしておくことだ。

16

「ワンチャン」を狙(ねら)わない

「君がいて良かった」と言われる人は、
一発逆転よりもコツコツ型が好き。

「試験勉強、終わった?」

「まだ半分くらい……。範囲を絞って勉強したら、『ワンチャン』いけるかも!?」

普段、私は大学で教鞭を執っているのだが、キャンパスでこのような会話を耳にすることがある。

「ワンチャン」とは、もちろん、犬のことではない。

「わずかな希望に賭けて一発逆転を狙うこと」らしい。

社会に出てからも、気持ちだけ先走って博打に出ようとする人がいる。

その場合、ほぼ間違いなく、予想は裏目に出る。

もし、あなたが「君がいて良かった」と言われる働き方をしたいなら、一攫千金は狙わないことだ。

仕事は「長く続けること」に価値がある。

一日働いたら、それで一生分の労働をしたという人はいない。

それこそ、宝くじを当ててリタイアしようと言っているようなものだ。

たった一回のホームランを打つよりも、コンスタントにヒットを打ち続けることの方が大事だ。

そして、難易度としては、後者の方が圧倒的に難しい。

継続的にヒットを出し続ける人になれば、自ずと周囲から仕事を頼まれるようになる。

「あなたに頼めば、手堅い働きをしてくれる」


そう周囲が信頼を寄せるのだ。

ある時は100点満点を叩き出すが、一方で空振りも多いとなると、仕事を頼む方は躊躇(ちゅうちょ)する。

相手にしてみたら、あなたは極めて使いづらい人間になるということだ。

一発屋は、その後が続かずに消えていくから一発屋なのだ。

大きな花火を一発打ち上げたところで、「あの人は今……」としてしか語られない。

「君がいて良かった」と言われる人は一度の仕事で大勝ちを目指さない。

小さな信頼をコツコツと積み重ねていくのだ。

ひいては、それがあなたのブランドになる。

17

収入源を複数つくる

「君がいて良かった」と言われる人は、
いくつものエンジンを備えている。

働き方を考える上で、「最も危険な数字」とは何か？

それは、「1」である。

安定した収入を確保するには、複数の収入源をつくる必要がある。

現在、約460万人ものビジネスパーソンが何らかの兼業に取り組んでいるという。

事実、大手企業をはじめ、国をあげて兼業を推進している状況であり、何と昨今は公務員も副業解禁の流れとなっている。

私が代表取締役を務める株式会社 Brave New World でも、兼業を強く推奨している。

今後も増加傾向は続くだろう。

昼間は会社員、夕方5時からは社長になる。

これからの時代、そうした働き方も大いにアリだ。

収入源が一つしかないと不安だが、複数あれば、最悪リストラされても怖くない。

収入源は自動車のエンジンと同じだ。

エンジンが一つだけだと、エンストしたときに止まってしまう。

エンジンが複数あれば、仮に一つが壊れても、走り続けることができる。

つまり、収入を安定させることができるのだ。

エンジンは多ければ多いほどよい。

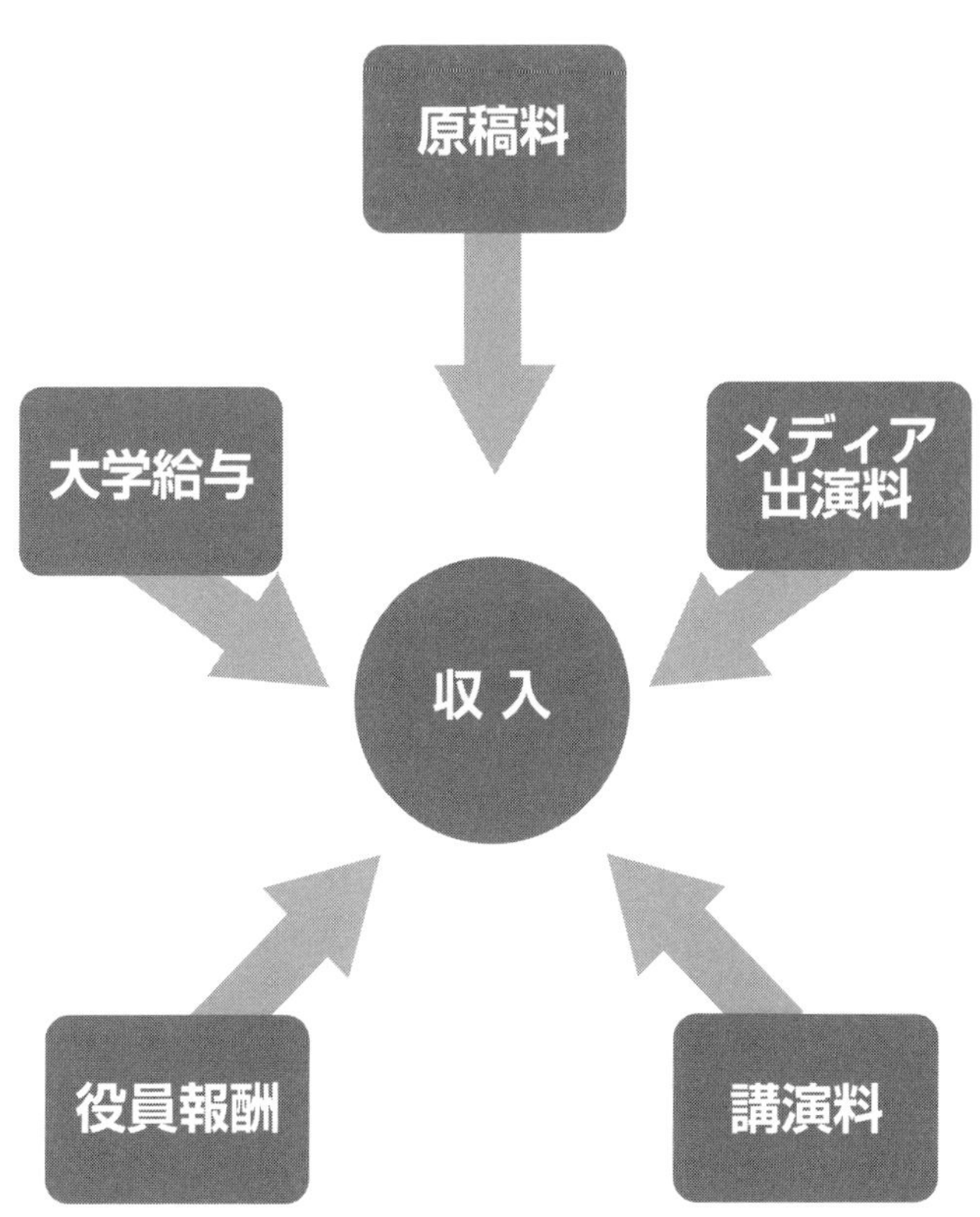
原稿料
大学給与
メディア
出演料
収 入
役員報酬
講演料

私の場合、経営する会社の役員報酬、大学教員の給与、講演料、メディア出演料、本やコラムの執筆料……などが挙げられる。

一つひとつの収入額は大きくなくてよい。

一つの収入源では、高収入が見込めなくても、10個の収入を得ることで、年収1000万円以上を安定して稼ぐことは十分にできる。

例えば、メインとなる収入源が年収400万円だったとしよう。

年間60万円得られる収入源を10個つくった場合、60万円×10個で年間600万円。

メインの収入源400万円と足して、ちょうど1000万円の計算になる。

兼業はこれからの働き方のスタンダードだ。

【MEMO】

Chapter2 で気づいたことや考えたことがあれば、書き留めておこう。

切り取り

【MEMO】

Chapter2 で気づいたことや考えたことがあれば、書き留めておこう。

切り取り

Chapter3
「健康管理」のルール

18

休日（きゅうじつ）＝「遊日（ゆうじつ）」ではない

「君がいて良かった」と言われる人は、
休日をコンディション回復にあてる。

「君がいて良かった」と言われる働き方をしている人は、心身ともに極めて健康的だ。

これにはたった一人の例外もない。

ところで、あなたは休日をどのように過ごしているだろうか？

そう質問すると、しばしば次のような答えが返ってくる。


「海外へ弾丸旅行してきました」

「朝までカラオケを満喫しました」


そう聞くと、有意義な時間の使い方にも思える。

だが、残念ながら、「君がいて良かった」と言われる働き方をしている人は、異なる返答をする。

休日に対する根本的な考え方が違うのだ。

中には、休日＝「遊日」だと思っている人がいる。

それは大きな勘違いだ。

休日の意義は「休息」にある。

休息とは、心身のコンディションを整えることだ。

休日にハメを外して、出勤日に疲れを持ち越すなど言語道断。

社会人失格と言わざるを得ない。
もし、休日が二日間あるなら、一日は自由に使って構わない。
むしろ、１００％全力で自由を謳歌すべきだ。
だが、もう一日は強制的にでも休むべきだ。
休みは誰かが与えてくれるものではない。
「自分で作り出す」と言う意識を持って自発的にとるものだ。
休息の目的は、「ストレスを減らすこと」にある。
自分を大事にできない人が、他人を大事にすることができるだろうか？
哲学者、セーレン・キェルケゴール*は言った。

「自分自身を愛することを忘れるな」

*セーレン・キェルケゴール
1813～1855年。デンマークの哲学者、思想家。今日では一般に実存主義の創始者、またはその先駆けと評価されている。

19

「何(なに)があっても怒(おこ)らない」と決(き)める

「君がいて良かった」と言われる人は、「叱(しか)る」と「怒る」の違いを知っている。

働いていると、思い通りにいかないことが出てくる。

否、その方が圧倒的に多いはずだ。

しかし、それに対していちいち腹を立てていたらストレスが蓄積される。

あなたの職場にも、いつも何かにイライラしている人はいないだろうか？

実は、私自身もつい、気を許すと声を荒げてしまいそうになることがある。

その都度、「いかん、いかん」と反省するのだが、すぐに改善するのはなかなか難しい。

取るに足らない相手に怒りをぶつけることは抑えることができたとしても、相手が大切な人であればあるほど、こちらも真剣になってしまう。

「次回は気をつけよう」といった軽い心がけ程度では、また同じ過ちを繰り返してしまうだろう。

怒ったら負けだ。

「叱る」と「怒る」は180度違う。

「叱る」は相手のためを思って、よりよい方法を教示することだ。

一方、「怒る」は相手に自分の感情を爆発させることだ。

怒っている人は、憂さ晴らしのため、自分本位に他の誰かに感情をぶつけているのだ。

暴力そのものである。

激怒するような人に、「君がいて良かった」と言われるような働き方ができるはずがない。

世の中には、「怒りたくても怒れない」「どうすれば怒ることができるのか、怒り方がわからない」という人がいる。

実に、羨ましい限りである。

そのような人は、「君がいて良かった」と言われる働き方を目指すのに、生まれながらにして一歩も二歩もリードしていると言ってよい。

体感的に言えば、怒らない（怒れない）人は、怒りっぽい人と比べて、3倍はストレスを抱えるリスクが少ない。

あなたも今から何があっても怒らないと心に決めよう。

その瞬間、ストレスレスな働き方の扉が開かれる。

20

寝不足でも起きる時間は「毎日一定」

「君がいて良かった」と言われる人は、生活のリズムを崩さない。

私の祖父は御歳93歳。

「人生100年時代」と叫ばれているが、今も現役バリバリで働いている実例を身近で目の当たりにしている私にとっては、リアリティーのある話となっている。

祖父の生活リズムは昔から一定している。

定時に起きて定時に寝る。

まるで職人技だ。

「君がいて良かった」と言われる働き方をする人は、起床と就寝の時間が決まって一定だ。

例えば、毎朝必ず6時に起きて、夜は22時に寝る。

前日、遅くまで仕事があり、翌日は午後からスケジュールが入っているとすれば、早く起きる必要はないように思うだろう。

それでも起床時間はいつも通りだ。

ある時は徹夜で頑張るが、翌日は10時間以上寝るといった人は、仕事に安定感がない。

起床時間が日によって変わると、生活のリズムが狂う。

そうなれば、求められた時に最高のパフォーマンスを発揮することなど到底できない。

生活は「リズム」が大切なのだ。

自分に合った生活リズムを見つけ、それを一定に保つこと。

はじめはキツいかもしれないが、習慣化してしまえば苦ではなくなる。時間になれば、眠くなり、起床時間になればパッと目が覚める。

結果、寝坊による遅刻はなくなる。

さらに、不思議なことに生活リズムが一定であれば、基本的な睡眠時間が一般的に短くても仕事中に眠くならない。

リズムを掴めば、仕事の質・量ともに劇的に向上する。

21

「些細なサイン」を見逃さない

「君がいて良かった」と言われる人は、
小さなことにこそ気を配る。

実業家、石坂泰三*は言った。

「人生はマラソンなんだから、100メートルで一等をもらったってしょうがない」

長く働き続けるためには、定期的なメンテナンスが不可欠となる。

そこで大事になるのが、「些細なサインを見逃さないこと」だ。

異変が起きる前には必ずその兆候が訪れる。

「数分の遅刻が増えた」

「表情が冴えない」

自分や周囲の人に、こうした心当たりはないだろうか？

これらは無意識のうちに心身が発するSOSかもしれない。

こうした兆候に気づかず、または気づいてもそのまま放置していると、やがて取り返しがつかないことになる。

特に、朝出社した直後は、その人の心身状態を如実に物語っている。

---

*石坂泰三

1886～1975年。日本の財界人、経営者。経団連会長を4期12年務めた。経団連会長の異名「財界総理」は石坂泰三を嚆矢とする。

要所で注視し、いかに早い段階で手を打つことができるかが重要だ。

自他ともによく観察し、こうした些細なサインを決して見逃さないようにしよう。

小さいことだからこそ、念には念を押して用心するのだ。

「君がいて良かった」と言われる働き方をしている人は、こうした些細な言動にも気を配っている。

否、人が気づかないような機微にこそ着目して、早期に手を打っている。

一見すると何事もなかったかのように働いているが、それはもともと身体が強いわけでも、強靭な精神力を持っているわけでもない。

細心の注意を払って、日々、心身をチェックしているのだ。

22

3秒で痩せる！魔法の言葉とは？

「君がいて良かった」と言われる人は、食べる前に自問自答する。

恥を忍んで、告白しよう。

かつて、私はダイエット目的でジムに入会し、5キロ太った(!?)ことがある。

「ジムに入れば痩せるだろう」という安易な考えが心の奥底にあったのだと思う。

体重の増減が激しい人とそうでない人がいるが、私は明らかに前者の人間である。

年間でプラスマイナス5キロは当たり前だった。

だからと言って、当然、運動だけで痩せられるほど甘くはない。

食生活の徹底管理とセットではじめて結果がついてくる。

しかし、それが「ある一言」を唱えることによって、暴飲暴食に歯止めをかけることができるようになったのである。

「君がいて良かった」と言われる働き方をしている人に、「肥満体」はいない。

その最大の理由は、単純に余計に食べることがないからだ。

目に入った食べ物をすぐ口に入れる習慣を改めよう。

それでも暴飲暴食が止まらない人のための魔法の言葉を教える。

「この一口は本当に必要か?」

口をつける前に、この質問を自分に投げかけてみよう。
自ずと答えは出るはずだ。
お金も時間もかからない。
とっておきのダイエット法だ。
一口食べる前に自問自答してみる。
たったそれだけであなたに劇的な変化が訪れる。

【MEMO】

Chapter3 で気づいたことや考えたことがあれば、書き留めておこう。

切り取り

【MEMO】

Chapter3 で気づいたことや考えたことがあれば、書き留めておこう。

切り取り

Chapter4
「学び」のルール

23

「ムダ」を恐れない

「君がいて良かった」と言われる人は、
生産性、効率性だけを考えない。

「君がいて良かった」と言われる働き方を実現するには、良質な学びが欠かせない。

彼らの特徴として、人一倍、向学心が強いことが挙げられる。

周囲を圧倒するほど学ぶことに貪欲なのだ。

また、もう一つ共通しているのは、「役に立つか、立たないか」といった判断基準だけで学ぶことを選んだりしない点だ。

スピード重視の現代においては、「いかに効率よく働くか」といったことに焦点が当てられることが多い。

しかし、目先の利益にとらわれた学びなど小手先でしかない。

海外のＭＢＡ（経営管理学修士）が人気と聞けば、それに飛びつく。

ブームが去って、「次はデザインスクールが流行る」と聞けば、デザイン学への興味関心の有無にかかわらず、受験を検討しだす。

果たして、そうした学びが「君がいて良かった」と言われる働き方につながるだろうか？

はなはだ疑問である。

「昇進のため」といった動機は不純だのとケチをつけるつもりは毛頭ない。

それも立派な学びの動機だ。

しかしながら、本質的な学びをしたいのであれば、今すぐ使えるかどうかを重視して考えてはいけない。

それよりも、あらゆることにアンテナを張り巡らせよう。

生産性や効率性ばかりを考え、ムダを恐れてはいけない。

一見すると、遠回りに思えること、ムダに思えることでも、そこにヒントが眠っていることは往々にしてある。

何が役立つかなんて、実際のところ後になってみないとわからないものだ。

すぐに目に見える結果を求めないこと。

長い目で見て、学び続けられる人だけが、「君がいて良かった」と言われる働き方に近づける。

24

「小学生(しょうがくせい)ドリル」からやり直(なお)す

「君がいて良かった」と言われる人は、
いつ何時も基本を疎(おろそ)かにしない

「君がいて良かった」と言われる働き方ができる人は、基本に忠実だ。

一にも、二にも、基本を大事にしている。

一方で、いまひとつ結果が残せていないという人は、所々で基本が抜け落ちている。

基本をおびただしいまでに反復し、身体レベルで染み込ませている人は、それだけで圧倒的な結果を残すことができる。

日本の最高学府である東京大学でさえ、入試問題は高校の教科書の範囲外からは出題されない。

高校の教科書を完璧に理解していれば、絶対に合格できるのだ。

では、どうして基本が抜け落ちてしまうのか？

何となくわかったつもりになって、どんどん先に進んでしまうからだ。

その解決策は単純明快。

わからなければ小学校のドリルからやり直せばよいのだ。


「今さら小学生ドリルはちょっと……」


そう気が引ける人もいるだろう。

だが、恥じることはない。

小学生ドリルを用いれば、基本中の基本が徹底的にマスターできる。

換言すれば、小学生ドリルは基本が詰まった宝庫である。

当然、小学生でもわかるように書かれ、演習しやすいように編集されている。

挫折する可能性は、普段、あなたが手にとっている実用書よりもはるかに少ない。

教育家、澤柳政太郎（さわやなぎまさたろう）*は言った。


「知らないのは恥ではない、知ろうとしないのが恥である」


つまずいたところを明確にして、そこを徹底的に補強すれば、みるみるうちに基本が身につく。

誰でもできる基本を、誰もできないくらい反復する。

そうして自分のものにした基本こそが、あなたの血となり肉となる。

これこそが、「君がいて良かった」と言われる働き方をする人の学び方なのだ。

---

*澤柳政太郎

1865 ～ 1927 年。近代日本の文部官僚、教育者、貴族院勅選議員。大正自由主義教育運動の中で中心的な役割を果たす。

25

できる人(ひと)を「マネる」

「君がいて良かった」と言われる人は、
模倣(もほう)からスタートする。

私は文章を書くのが苦手な学生に新聞のコラムの「模写（もしゃ）」を課すことがある。

模写とは、文章をそっくりそのまま書き写すことだ。

それをひたすら続けると、不思議なことにコラムの著者そっくりの文章が書けるようになるのだ。

なぜ、私が学生に対して模写をすすめるのか?

それは、模写にこそ、「学びの本質」が隠れているからだ。

「君がいて良かった」と言われる働き方をするために、最も手っ取り早い学び方を教えよう。

それは、そのような働き方をしている人を見つけ、徹底的に「マネる」のだ。

重要なので、もう一度言おう。

働き方は教えてもらうものではなく、「マネるもの」だ。

マネるといった言葉にネガティブな印象を持っている人もいるだろう。

「ちょっとカッコ悪いな」と感じる人もいるかもしれない。

自分独自の働き方を目指したいという人もいるだろう。

たしかに、そのような働き方をしている人は格好よい。

しかし、そうなるにはいくつかの段階を経なくてはいけない。

「その人らしい」働き方をしている人も、最初は誰かの人マネから入っている。

仕事はマネて、自ら体得したものだけが、実力となる。

「学ぶ」という行為の語源は「まねぶ」からきている。

もともと、学ぶとは、「マネ・模倣」することなのである。

元・NBA選手のコービー・ブライアント*は、バスケットボールの神様、マイケル・ジョーダン**（MJ）に子どもの頃から憧れていた。

MJのプレーをビデオが擦り切れるくらい何千回、何万回と再生し、「瓜二つ」というレベルにまで徹底的にコピーした。

その結果、高卒ルーキーからNBAのトップにのし上がり、5度の優勝を含め、数々の偉業を成し遂げた。

MJ本人も取材時に、「現役当時のあなたと1 on 1で勝負して、勝てる選手はいるだろうか？」という質問に対して、こう答えている。

「私に勝てる可能性があるとしたら、おそらくコービー・ブライアントだろう。なぜなら、彼は私のプレーを完全にコピーしているのだから」

さぁ、あなたもマネることから始めよう。

---

*コービー・ブライアント
1978～2020年。アメリカ合衆国の元バスケットボール選手。
**マイケル・ジョーダン
1963年～。アメリカ合衆国の元バスケットボール選手。

26

「メンター」を見つける

「君がいて良かった」と言われる人は、
「道しるべ」になってくれる人がいる。

私の仕事人生における最大の幸運。

それは心から尊敬する「メンター」を見つけたことだ。

メンターとは、君が行く先に迷ったときの「道しるべ」になってくれる人のことである。

私の場合、幸運なことに26歳のときにメンターと出逢うことができた。

私が「ぜひともメンターになっていただきたい」と思った決め手は、「品位（ひんい）」だった。

知識や専門性を持った人なら他にもいたはずだ。

しかし、ここまで品位のある人は滅多にお目にかかれないと直感した。

メンターには今も研究をはじめ、仕事やプライベートまでさまざまな面でお世話になっている。

よいメンターに出逢えるかどうかは、運によるところが大きいが、常に探し求めていれば、自力で運を引き寄せることができる。

メンターとの出逢いは、次の3点が重要だ。

「いつ」、

「誰に」、

「どのように」。

これらが一致した時、大いなる学びが得られる。
出逢いは「タイミング」である。
理想は25歳前後だろう。
メンターになってもらう人の条件はたった一つ。

「心から尊敬できること」

この一点に尽きる。
せっかくメンターに出逢えても、そこから学ぶことができなければ宝の持ち腐れだ。
働き方、生き方はもちろん、日常の些細な言動までじっくり観察すること。
これらを意識して、あなたもメンターから人生の原理原則を学ぼう。

27

テクニックを「スキル」に変(か)える

「君がいて良かった」と言われる人は、
考え方そのものから理解する。

マネることこそ、「君がいて良かった」と言われる働き方に近づくファーストステップだと前述した。

マネにはコツがある。

それはテクニックではなく、「スキル」をマネることだ。

「テクニック」と「スキル」。

両者を同じ意味で使っている人もいるが、厳密には異なる意味を持っている。

両者を訳すと、テクニックは「技術（ぎじゅつ）」、スキルは「技能（ぎのう）」となる。

その決定的な違いは、「頭を使うかどうか」だ。

テクニックは、技の「術」と訳されるわけだから、動作、行動、知識であり、それらは一時的に身についているものだ。

一方、スキルとは、技の「能力」なわけだから、「意思決定（いしけってい）」や「判断状況（はんだんじょうきょう）」を伴って行われるものである。

比較的、「考え方」に近いと言えるだろう。

形だけマネても意味がない。

スポーツの例を挙げるとわかりやすいだろう。

練習中にある技術を身につけたとする。

しかし、それが試合で使えるかどうかは別の話である。

試合となると、その場その場の一瞬の状況判断で技を繰り出す必要がある。

その点が練習との大きな違いだ。

試合で技を繰り出すためには、臨機応変に対応できるだけのスキルを同時に見つけなくてはならない。

どの場面でこの技を出すと有効なのか。

それを効果的に判断できなくては試合で使い物にならないのだ。

学びの極意として、「近代日本経済の父」と言われる実業家、渋沢栄一*は生前、このように述べている。


「真似はその形を真似ずして、その心を真似よ」


テクニックをいくらたくさん集めても、それらは「技」でしかない。

テクニックは、使える「スキル」に変えることが大事なのだ。

---

*渋沢栄一

1840～1931年。日本の武士、官僚、実業家、慈善家。「日本資本主義の父」と称され、また「論語と算盤」の言葉で代表される、道徳経済合一の思想でも広く知られている。

28

学（まな）んだことは「共有（きょうゆう）」する

「君がいて良かった」と言われる人は、積極的に教える。

私自身、特段、教育者としての資質に恵まれているとは思っていない。

だが、強いて言うならば、自分が学んだり、試したりしてよかったことは、人にも教えたいという欲求がある。

そう思うから、出版をはじめ、さまざまな形で情報発信しているのである。

インプットとアウトプットはセットだ。

何か学んだら、それを他の人に話して共有する。

それにより、また新たな発見や気づきを得られる。

好循環が生まれるのだ。

私の高校時代、隣のクラスに日本史が得意な生徒がいた。

彼は、授業で学んだことを定着させるために、自分の頭の中でもう一度、授業をするという。

今度は自分が先生になったつもりで、脳内授業(のうないじゅぎょう)をするのだ。

そして、極めつけは、他の生徒に対して実際に個人授業を行っていた。

定期試験前であっても、そうして他の生徒のために時間を割くのは、単純に彼が良い人だからという理由だけでなく、自分の頭の中でも整理ができるからだと言う。

「そこまですれば、否が応でも記憶に定着するな」と、思わず感嘆(かんたん)してしまった。

「わかる」と「できる」は違うというだろう。

実際に、学んだことを人に教えられるようになって、はじめて自分のものになったと言えるレベルに到達する。

ぜひ、自分が学んだことを人にも積極的に共有してほしい。

「こんな貴重な学びを人に教えたくない」と自分の中に閉じ込めたところで、あなたは1ミリも得をしない。

ただし、その際、一つだけ注意点がある。

くれぐれも嫌味にならないようにすることだ。

自慢げに語ると、相手に嫌味にとられてしまう。

あくまでも、対等な関係であることを忘れないようにしよう。

29

社会人のための読書術

「君がいて良かった」と言われる人は、
読書のジャンルを限定しない。

インプットとアウトプットはセットだと話したが、何をインプットするかは極めて重要である。

インプットの質が低ければ、当然、質の高いアウトプットはできない。

では、何からインプットすればいいのか。

私のおすすめは、「本」だ。

テレビ、ラジオ、新聞、インターネットなど、現代にはさまざまなメディアが存在するが、その中でも、より確実に質の高いインプットをするのであれば、本がベストだろう。

コロナ禍において出版業界も深刻なダメージを受けただろうと思っている人は多いが、実は本の売れ行き自体はそこまで落ち込んでいないそうだ。

逆に、外出自粛のため、家で読書する時間が増えたことは業界全体をみればプラスになったともいえる。

本書を読んでいる読者には言わずもがなだろうが、よい仕事をしたいのなら、日常的な読書は不可欠である。

このことは何も私だけが述べていることではない。

どんなビジネス書でも読書は推奨されている。

これは著者が物書きだからという理由だけではない。

親もあなたが子どもの頃からずっと、「本を読みなさい」と言い聞かせてきたように、読書は効果的な学びが可能となる。

なぜなら、本は著者をはじめ、企画、編集、校正、営業と、複数のプロの視点が集約された圧倒的に質の高いメディアだからだ。

インターネットに散乱する真偽不明の情報とはワケが違う。

私は読書にこれといったマイルールは設けていない。

ビジネス書、実用書から文芸、小説まで幅広く読めばよいと思う。

流行本から古典まで、それぞれに学ぶべき点はあるはずだ。

かつて、「ベストセラーに良い本はない」などと豪語する人がいたが、そんなはずがあるまい。

売れるには、売れるだけの理由があり、仮に当時のあなたに響く箇所がなかったとしても侮ってはいけない。

自己啓発だけ読む、小説しか読まない。

特定の著者だけ好んで買う。

このような読書も否定しないが、社会人になったら、もっと広い視野を持って読書をしてもらいたい。

よい仕事をする人は、そうした読書を通じて教養を高めている。

【MEMO】

Chapter4 で気づいたことや考えたことがあれば、書き留めておこう。

切り取り

【MEMO】

Chapter4 で気づいたことや考えたことがあれば、書き留めておこう。

切り取り

Chapter5
「対人関係」のルール

30

笑顔は「0円」でできる最善の戦略

「君がいて良かった」と言われる人は、1秒たりとも仏頂面をしない。

「泣きたいときには、笑い飛ばすことにしている」

これは劇作家、カロン・ド・ボーマルシェ*の言葉だ。

「いつも笑顔だよね」

そう言われるようになったら、あなたも「君がいて良かった」と言われる働き方をしている人の仲間入りだ。

仕事で壁にぶつかることは日常茶飯事(にちじょうさはんじ)だ。

それに加えて、プライベートで問題が発生することもあり得る。

そんな時に、果たして、あなたは笑顔を絶やさずにいられるだろうか？

「君がいて良かった」と言われる働き方をしている人は、いつ何時も笑顔を絶やさない。

それはなぜか？

笑顔は1円もコストがかからない最善の戦略だと心得ているからだ。

さらに、笑顔をつくるのにセンスや才能はいらない。

---

*カロン・ド・ボーマルシェ

本名ピエール＝オーギュスタン・カロン。1732～1799年。フランスの実業家、劇作家。時計師、音楽師、宮廷人、官吏、実業家、劇作家などさまざまな経歴を持つ。

笑顔をつくるのに時間はかからない。
笑顔をつくるのに労力はかからない。
それどころか、笑顔でいることで自然と自分自身の気持ちも前向きになれるのだ。
笑顔は間違いなく、人間関係を豊かにしてくれる。
いつも仏頂面をしている人と一緒に働きたいと思うだろうか？
人が気軽に相談にやってくるだろうか？
笑顔でいないことは百害あって一利なし。
もう一度繰り返す。
笑顔は誰でもできる。
笑顔は一瞬でできる。
笑顔は「0円」でできる。
笑顔でいない理由はどこにもない。

さて、あなたはこの瞬間、すでに笑顔ができているだろうか？

31 上司(じょうし)との上手(じょうず)な付(つ)き合(あ)い方(かた)

「君がいて良かった」と言われる人は、
上司の「自分より優れた部分」を知っている。

働いていると、あなたとソリの合わない上司に当たることもある。

人間なのだから誰しも相性があるだろう。

それは仕方のないことだ。

「なんでこんな人が上司なんだ……」と思うこともあるかもしれない。

だが、だからといって、その度にあなたの都合で上司を変えてもらうわけにはいかない。

そうなると、むしろ、あなたの方が「本当にこの会社に合っているの？」と周囲から疑問を持たれてしまう恐れもある。

上司に対する基本的な考え方はこうだ。

上司は、自分よりも何らかの面で優れているから、上司になっているのだ。

仕事上、総合的に見て自分よりも上にいるから上司なのだ。

これが基本的な考え方である。

その上で、もし、あらゆる面で上司よりも自分の方が優れていて、総合力があると思うなら、即刻、その会社を辞めるべきだ。

そして、起業でもするとよいだろう。

そこまで言われると、改めて上司のことを冷静に考え直すことができるのではないだろうか。

もし、上司の優れている点を見つけられたのなら、これからは敬意を持って接するように心がけよう。

それだけでなく、上司の上司たる所以（ゆえん）を徹底的に学び、吸収しよう。

●新規顧客への営業トークを盗もう。
●組織内での根回しの仕方を学ぼう。
●飲み会での立ち回りを真似よう。

例えば、上司にこのような長所があったとするならば、自分はそれを超えられるように上司から学ぶのだ。

このようにして成長できる人は、必ずやよい仕事ができるだろう。

一方で、「こんな最低上司から学ぶことなんて何もない！」と頑なに思い続けている人は、ずっとその負の状況から抜け出せないだろう。

よい仕事をする人は、自分と合わない上司からも骨（ほね）の髄（ずい）までしゃぶり尽くすように学ぶものだ。

32

マナーが人(ひと)をつくる

「君がいて良かった」と言われる人は、
マナーに心を込める。

「君がいて良かった」と言われる働き方をする人は、マナーに最新の注意を払っている。

私も学生時代から徹底的にマナーについては鍛えられた。

では、マナーの本質とは一体、何だろうか？

それは、「相手を不快にさせないこと」である。

そのために必要な作法は、生まれつき備わっているものではない。

教育を受けて身につけるものである。

その意味で、マナーは教育の賜物といえる。

企業では、マナー教育の一環としてＯＪＴ（オン・ザ・ジョブ・トレーニング）と称して研修が行われる。

しかし、このような画一的な研修では一番肝心なことを教えてくれないことが多い。

マナーの本質は、お辞儀の仕方でも、メールの書き方でもない。

マナーで絶対に忘れてはいけないもの。

それは「心」だ。

マナーは心がこもっているかどうかに尽きる。

哲学者、ジャック・マリタン*は言った。

「感謝の気持ちを表すことは、最も美しい礼儀作法である」

「形だけ」のマナーほど、相手を不快にさせることはない。
マナーの意味を理解し、心を込めて実践できるかどうか。
よい仕事をする人は実践でマナーを磨いている。
心は研修で身につけるものではなく、実践で体感しながら学ぶものだ。
心のこもったマナーは、仕事を気持ちよくする。

マナーで評価を下げる人。
マナーで評価を上げる人。

さて、あなたはどちらになりたいだろうか？
「君がいて良かった」と言われる働き方をしたいなら、もちろん、後者を目指すべきだ。

***ジャック・マリタン**

1882～1973年。フランスの哲学者。新トマス主義者。アンリ4世校を経てソルボンヌ大学で自然科学を学ぶ。当時は唯物論者だったが、後にアンリ・ベルクソンの形而上学の講義を聴講し、影響を受ける。

33

あいさつにスランプなし

「君がいて良かった」と言われる人は、
一流のあいさつができる。

対人関係は「あいさつ」からスタートする。
あいさつは、あらゆる仕事の基本中の基本だ。
どのような働き方をしようが、あいさつがいらない仕事はどこにもない。
だが、あいさつには一流、二流、三流がある。
「君がいて良かった」と言われる働き方をする人は「一流のあいさつ」ができる。
一流のあいさつには、次の三つの条件が必要である。

①自分から先に、
②相手を見ながら、
③心を込めて。

目が合った瞬間、相手から先にあいさつされたら負けだと思おう。
だからといって、顔も見ずにするあいさつなど、単なる「自己満足」に過ぎない。
相手を見ていれば、あいさつのベストタイミングも見えてくる。
前述したように、マナーは心だ。
心のないあいさつは「三流未満」だ。

心がこもっていれば、それが声や表情にも表れる。
知識や技術がなくても、心がけ一つで、誰でも一流のあいさつはできるようになる。
たった2秒のあいさつで評価を上げることも、チャンスを棒に振ることもあるのだ。
たかがあいさつ。
されどあいさつ。
「君がいて良かった」と言われる働き方をする人は、あいさつも気持ちがよい。

34

信頼は「平等」から生まれる

「君がいて良かった」と言われる人は、
人によって態度を変えない。

「君がいて良かった」と言われる働き方をしたければ、相手から信頼を勝ち取らなければならない。

では信頼の源泉とは、一体、何だろうか?

それは「平等」である。

世の中に平等は時間以外に存在しないと前述した。

事実、えこひいきをするような人はごまんといる。

彼らは短期的な損得勘定に流され、長期的な信頼関係を築く努力を怠っている。

だからこそ、あなたは平等を生み出すことで、他の誰もが成し得ない働き方を達成できるのだ。

平等な人は、相手に安心感を与える。

逆に、人によって態度をコロコロと変える人間は信用されない。

立場や年齢によって扱いを変えるような人間は、小者以外の何物でもない。

社長であろうが、新入社員であろうが、平等に接する人。

そのような人こそ、「君がいて良かった」と太鼓判を押される人だ。

社長の急な誘いだからといって、部下との約束を破るような上司が慕われるとは到底思えないし、同僚から信頼が厚いとも考えにくい。

見る人が見れば、信用に足る人間かどうかすぐにわかる。

平等であるということは自分の軸をしっかりと持っているということでもある。

平等な人は、裏表のない正直な人間であることの証だ。

平等は人間関係を円滑に保つ秘訣だ。

35

「陰口（かげぐち）」は信頼（しんらい）を失（うしな）う最大（さいだい）の敵（てき）

「君がいて良かった」と言われる人は、
誰に対しても直言できる。

コツコツと積み重ねてきた信頼を一発で失う毒薬がある。

それは「陰口」だ。

陰口を叩くことで、ストレスの発散になるという人もいる。

たしかに、そのような効用もあるかもしれない。

その場では、不満をぶつけることができても、陰口というのはどういうわけだか、秒単位で広まる。

三日後には、組織の全体に広まっていると思って間違いない。


陰口を叩く人間。

それを告げ口する人間。


どちらも低劣だ。


いずれにせよ、たった一回の陰口が、あなたの信頼に回復できないほどの傷をつけることになる。

ここでの要点は、「決して悪口を言ってはいけない」ということではない。

本人を前にして口にできないことは、誰の前でも漏らしてはいけないということだ。

もし、悪口を言うのであれば、本人の目の前で正々堂々と言えばよい。

その方が、コソコソと陰口を叩く連中よりも１００倍、２００倍よい。

一見すると、アクの強い人と思われそうだが、蓋（ふた）を開けて見ると、その方が一緒に働いていて清々（すがすが）しいのだ。

嫌われてのけ者にされるどころか、逆に、誰も言えないようなことを誰に対しても直言できることで、「君がいて良かった」と言われることさえある。

36

「平均以下」に高等なことを言っても無意味

「君がいて良かった」と言われる人は、注意してもムダな人を相手にしない。

「10回、20回と注意しても一向に改善されない」

あなたの周りにそのような人はいないのだろうか?

もし、心当たりがあるなら、そのような人からは即刻離れるべきだ。

世の中の人間は二種類に分かれる。

「平均以上」の人間と、「平均以下」の人間だ。

何度注意しても同じことを繰り返す人こそ、まさに、平均以下の人間の典型例である。

断言しよう。

このような平均以下の人間に、高等なことを言ってもムダである。

それを理解するための前提が抜け落ちているからだ。

これでは、永遠に「暖簾（のれん）に腕押（うでお）し」となるだろう。

手厳しい言い方だが、「君がいて良かった」と言われたいなら、受け入れなければならない現実である。

相手にするだけ、あなたの貴重な時間を浪費していることにいち早く気づかなくてはいけない。

他人を変えることはすこぶる難しい。

不可能といっても過言ではないだろう。

もし、仮に変えられる可能性がわずかにあったとしても、あなたは「この人を変えるために自分の貴重な時間を使うべきか?」と自問自答すべきだ。

おそらく、答えはＮＯだろう。

そのような人の相手をしていると、あなた自身も平均以下の人間に引っ張られてしまう。

「朱に交われば赤くなる」ということわざがあるだろう。

気づいた時にはもう手遅れである。


「君がいて良かった」と言われる「良い人」。

「どこにいたの?」と言われる「どうでもよい人」。


さて、あなたはどちらになりたいだろうか?

37

100人の友達より、たった1人の「親友」

「君がいて良かった」と言われる人は、「名刺の数＝仲間の数」と考えない。

私は在学中に起業したのだが、周囲はちょうど就活の真っ只中だった。

大企業にしか興味のない連中の中には、「ベンチャー企業って何だか胡散臭い」と、サッと離れていく人間は大勢いた。

「とうとうアイツも終わったな」と陰口を叩く輩（やから）もいたことだろう。

そんな中、小学校からの親友は違った。

ＩＴ関連に長（た）けていた彼は、パソコン音痴の私に基礎を教えてくれた。

さらに、その当時は彼自身も、就活生として自分のＥＳや面接準備で連日忙しかったのだから頭が上がらない。

私にとって、そのたった１人の親友が、１００にも、１０００にも、１００００にも勝る力になってくれた。

本当の仲間かどうかがわかるのは、あなたが窮地に立たされたときだ。

たとえ世界中が敵に回っても、あなたの味方でいてくれるような人。

大袈裟かもしれないが、それが仲間なのだ。

もし、あなたにもそのような仲間がいるなら、大事にしなければいけない。

具体的に、私は仲間に対して次の二つのことを意識している。

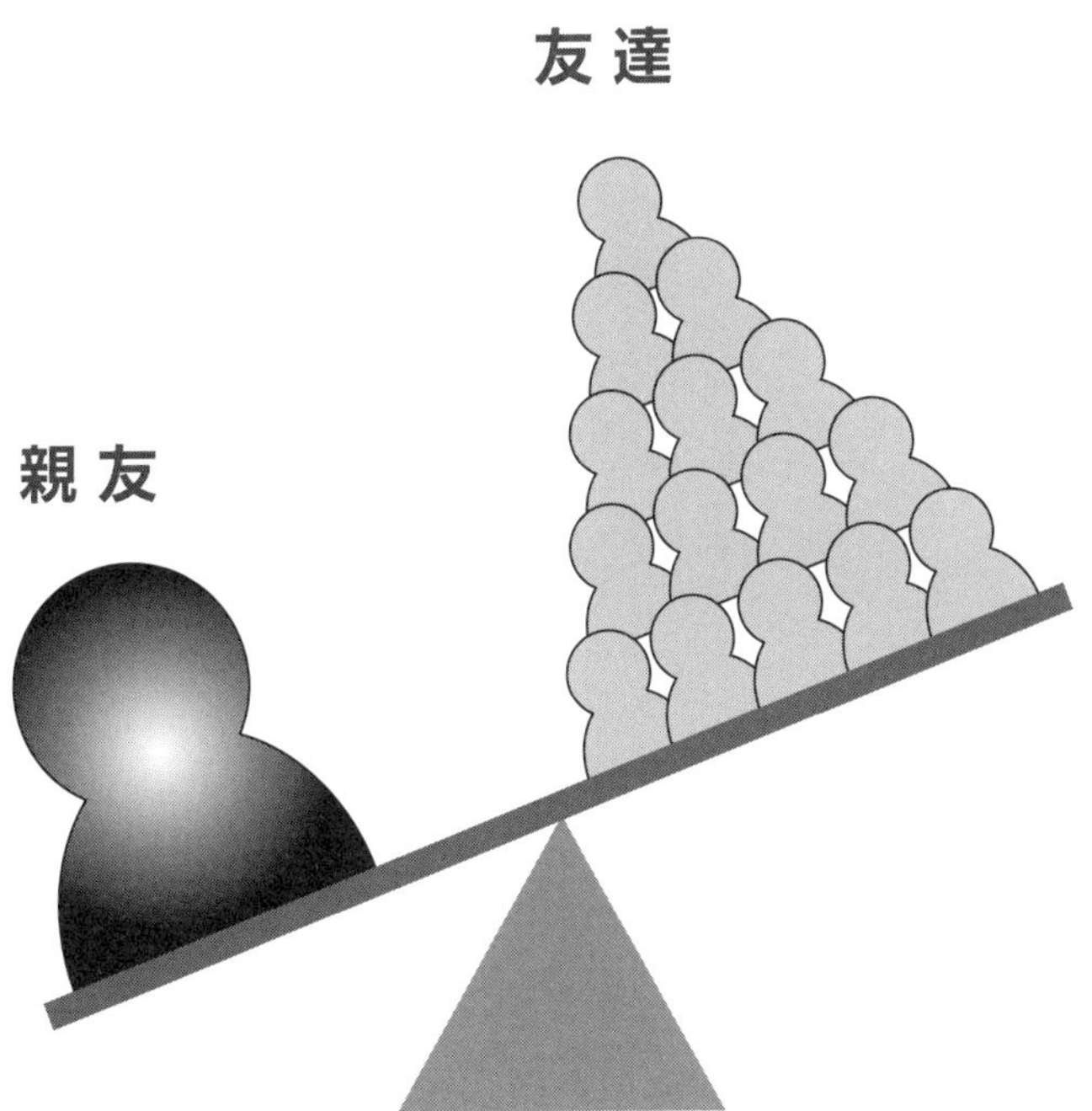
友 達
親 友

①普段から仲間を気遣うこと。
②「貸し」を短期清算しないこと。

仲間を気遣えない人は自分も大事にしてもらえない。

ましてや、「君がいて良かった」などと言われるはずもない。

また、仲間からの借りは即返すべきだが、貸しについてはその逆となる。

自分の貸しに短期的な見返りを求めてはいけない。

世の中には、あろうことか名刺の数が仲間の数だと勘違いしている人がいる。

だが、「君がいて良かった」と言われる働き方をする人は、名刺そのものに仲間としての価値があるわけではないことを知っている。

良いときも悪いときも一緒に時間を過ごした人だけが、かけがえのない仲間になる。


作家、ヘンリー・デイヴィッド・ソロー*は言った。

「友人のために私がしてあげられる一番のこと、それは、ただ友人でいてあげること」

---

*ヘンリー・デイヴィッド・ソロー
1817～1862年。アメリカ合衆国の作家・思想家・詩人・博物学者。代表作は『ウォールデン 森の生活』。その思想は後の時代の詩人や作家に大きな影響を与えた。

38

弱っている人こそ助ける

「君がいて良かった」と言われる人は、
仲間が苦しいときに必ず駆けつける。

対人関係で私が心がけていることがある。

「人が弱っている時こそ、助けなさい」

これは私の母の教えだ。

実は、この教えは、「君がいて良かった」と言われる働き方に直結している。

実際、私もキャリア相談に乗っていた学生から、深く感謝されることがこれまでに何度もあった。

卒業後、何年経っても毎年欠かさず挨拶に来てくれるのだ。

「そんな大層なことはしていないのに……」とこちらが遠慮してしまうほどだ。

私の立場から言えば、自分にできることをしたまでなので、「律儀(りちぎ)な人だな」と思ってしまう。

しかし、当の学生にしてみれば、キャリアで悩みに悩んでいた時期だ。

「のど元過ぎれば熱さ忘れる」とは言うものの、その時の「助かった」という気持ちは今も忘れないのだろう。

他にも、お金のない学生に飯を奢るのも然り。

決して見返りを期待しているわけではないが、こうした行いが相手にとっては心底嬉しいのだ。

仮に今、あなたにお金がなかったとしても、別の何かで手助けすることはできるだろう。

「大丈夫」

この一言でどれだけ相手の気持ちが救われることか。

反対に、最悪な人間は人の弱みに付け込もうとする。

スポーツの試合で相手の弱点を突くことは常套手段（じょうとうしゅだん）だが、対人関係は勝負事ではない。

最も恥ずべき行為だと認識を改める必要がある。

その点を履き違えているようでは、いつまで経っても「君がいて良かった」と言われる働き方はできない。

39

対人関係がこじれたときの修復法

「君がいて良かった」と言われる人は、
謝ることを恥ずかしいと思わない。

対人関係がこじれた場合、どのように修復すべきか。
もし、あなたが相手との継続的な関係を希望するのであれば、すぐに謝ってほしい。
人間関係の修復は、「自らの非を認めることからはじまる」といっても過言ではない。

●夫婦、恋人関係
●上司、顧客関係
●友人、隣人関係

これですべて丸く収まる。
自分が先に謝ることで、相手も心を開いてくれるものだ。
ただ、これが簡単なように見えて意外に難しい人もいるようだ。
謝罪するという行為に、極度の抵抗感があるらしい。
他人からミスを指摘されても、「いや、でも……」が口癖になっている人がいる。
そのような人は、往往にして「謝る」という行為を誤解している。
謝るとは、和解の感情だ。
関係修復に大きく近づくことになる。

関係性を前進させるよい行いと言える。

それにかかわらず、変なプライドが芽生えてしまっているのだろう。

謝ることは恥ずかしいことではない。

そんなことはわかっているのだが、中途半端なプライドが邪魔をして、躊躇してしまうのだ。

何も「土下座しろ」などといわれているわけではない。

一言、「ごめん」といえば済む話だ。

謝ることができないために、破綻（はたん）してしまう人間関係は数え切れない。

よい仕事をする人は、謝るスピードがすこぶる早い。

さらに、何について謝罪しているのか、自分のどの部分に落ち度があったのか、その点を明らかにした上で謝っている。

その結果、謝罪しただけなのに、評価を上げてしまうことにもなる。

【MEMO】

Chapter5 で気づいたことや考えたことがあれば、書き留めておこう。

切り取り

切り取り

【MEMO】

Chapter5 で気づいたことや考えたことがあれば、書き留めておこう。

Chapter6
「キャリア選択」のルール

40

なぜ、エリートは大失敗しないのか？

「君がいて良かった」と言われる人は、
小さな失敗の繰り返しから学ぶ。

「エリート」と言われる人たちがいる。

彼らは大失敗をしない。

それはなぜか？


もともとの能力が高いからか？

メンタルが異常に強いからか？

すこぶる「運」が良いからか？


これらも一理あるかもしれない。

だが、大きな意味ではすべてNOだ。

正解は、「小さな失敗を繰り返している」からだ。

彼らは受験や就活といった「人生の節目」で、大失敗をしていないだけであって、その間にさまざまな失敗経験を積んでいる。

失敗したくないと思っても、人間はミスする生き物なのだ。

それはエリートも変わらない。

倒れることなど恥ではない。

そこから立ち上がらないことこそ恥。

稀代の画家、フィンセント・ヴィレム・ファン・ゴッホ*もこう言っている。

「99回倒されても、100回立ち上がればよい」

大切なことは、「いかに素早く、数多くの失敗を積むことができるか」だ。
失敗を重ねていくうちに、自分の勝ちパターンが見えてくる。
そのことにいち早く気づいた者が、大きな勝ちを手にすることができる。
成功の反対は失敗ではない。
「行動しないこと」である。
過ぎ去った時間は戻ってこない。
「あのとき、チャレンジしておけばよかった……」
そう後悔する人生だけは送らないことだ。

---

*フィンセント・ヴィレム・ファン・ゴッホ
1853～1890年。オランダの画家。主要作品の多くは1886年以降のフランス居住時代に制作された。感情の率直な表現、大胆な色使いで知られ、ポスト印象派を代表する画家である。

41

起業は勇気ではなく、「動機」

「君がいて良かった」と言われる人は、勇気がなくても行動できる。

会社法の改正により、資本金1円から会社がつくれるようになった。

シェア・オフィスの普及により、安価で登記可能な仕事場を持てるようになった。

クラウドファンディングの登場により、資金調達の可能性が広がった。

こうした背景もあり、起業が以前よりも身近な選択肢の一つになった。

あなたも今いる会社を抜け出し、ゆくゆくは自分で会社を立ち上げようと考えているかもしれない。


「できる人はやる、できない人は論ずる」という言葉がある。

その腹案を夢物語で終わらせないためにも「行動」が必要だ。

だが、それを頭ではわかっていながら、どうしても最初の一歩が踏み出せない人がいる。

そのような人は決まってこう考えている。


「起業には『勇気』が必要だ」


一度そう思い込んでしまうと、足がガクガクと震え出し、その後は身動き一つとれずに終わる。

だが、実にバカげた話だ。


起業に必要なもの。

それは壮大な志でも、ましてや勇気でもない。

起業は勇気ではなく、「動機」だ。

今だからこそ書ける話がある。

実は、私は新卒で入社した会社をクビになった。

私自身、残された道として、自分自身の力で食っていく「起業」の道を選択せざるを得なかったのだ。

そして、今ここにいる。

勇気のない起業家でも「君がいて良かった」と言われる働き方はできる。

あなたも起業は「動機」のパワーが大事だということを胸に刻んでおこう。

かつて、心理学者であるアルフレッド・アドラー*は言った。

「過去を後悔しなくてよい。未来に怯えなくてよい。そんなところを見るのではなく、今このときに集中しなさい」

---

*アルフレッド・アドラー
1870～1937年。オーストリア出身の精神科医、心理学者、社会理論家。ジークムント・フロイトおよびカール・グスタフ・ユングと並んで現代のパーソナリティ理論や心理療法を確立した1人。

42

「自分探しの旅」はしない

「君がいて良かった」と言われる人は、
思い込みの力を借りている。

「本当の自分を見つけたい」


そう言って、「自分探しの旅」に奔走する人がいる。

だが、どれだけ探しても「本当の自分」など見つからない。

それもそのはず。

自分とは、探すものではなく、「つくるもの」だからだ。

それと同様に、天職も探すのではなく、つくるものだ。

転職を繰り返したところで、天職は見つからない。

もともと、天職というものがあるわけではない。

「君がいて良かった」と言われる働き方をすることで、今の仕事が「天職」に変わるのだ。


「自分に自信がない……」


そう迷いがある人は、「自分」も「天職」も確立できない。

まずは、「自分はこういう存在だ」と思い込むために次の二つを行おう。

①目標は具体的に立てる。
②紙に繰り返し書く。

一つ目については、数字や事実を目標にしよう。

二つ目については、紙に書くと思い込みが加速するということは、「君がいて良かった」と言われる働き方をしている人の多くが実証済みである。

私自身もずっと続けてきたことだ。

それを毎朝、音読すればなおよい。

宗教家、道元（どうげん）*は言った。

「何かを望むなら、その事柄を寝ても覚めてもひたすら想い続けよ。そうすれば、たとえ邪な思いでも叶えられる」

思い込みの力を借りることで、「自分」と「天職」はいつからでもつくることができる。

---

*道元

1200 ～ 1253 年。鎌倉時代初期の禅僧。日本における曹洞宗の開祖。晩年に希玄という異称も用いた。宗門では高祖承陽大師と尊称される。諡号は仏性伝東国師、承陽大師。諱は希玄。

43

仕事で成功したいなら「二番手」が一番？

「君がいて良かった」と言われる人は、1位を独走しようと考えない。

「ナンバー1を目指す」

「1位以外は認めない」


そう豪語する人がいる。

しかし、私は問いたい。


「本当に1位でないとダメなのか?」


私が知る限り、「君がいて良かった」と言われる働き方をする人は、常に1位の座を狙っているわけではない。

三番手くらいであることの方が多いかもしれない。

ところが、ここで「三番手」という位置づけについて少し考えてもらいたい。

金メダルを除き、最後に勝って終わる唯一の順位。

それが「銅メダル」だ。

銅メダリストのメンタリティは、ある意味で金メダリストよりも強い。

「業界3位」ということであれば、潰れることもないだろう。

1位は追われ、2位は追う。

3位はマイペースを貫ける。

語弊がないように伝えたいが、三番手という生き方はある意味で「気楽」なのだ。

三番手という生き方は一見地味に見えるが、バランスがよい。

一番手や二番手よりも、ひょっとしたら、一番幸せかもしれない。

「君がいて良かった」と言われる働き方をする人は、安定して三番手に入る力を持っている。

そして、「今だ」という時に、一気にトップに躍り出るのだ。

44

入口(いりぐち)より「出口(でぐち)」が肝心(かんじん)

「君がいて良かった」と言われる人は、
できるだけ競争を避ける。

キャリアを考える上で、「入口」に執着する人がいる。
だが、肝心なのはキャリア選択後の「出口」だ。
どの会社に入ったかではなく、その後、どのようなキャリアを過ごすことができたか。

入社後、どうなっていたいか。
5年後、10年後、何をしたいか？

これらを明確に答えられることの方がよほど大切だ。
「君がいて良かった」と言われるのは、キャリアをスタートしてからだ。
何もしていないのに、そんな賞賛を受けることはあり得ない。
入口で言われる褒め言葉は、社交辞令と思っておいて間違いない。
その上で、もし、既存の入口から入るのが難しければ、裏口から入ればよい。
裏口と聞くと、陰湿な印象を抱くかもしれない。

「裏口入学」
「裏口入社」

確かに、このような言葉は一般的に悪い意味で使われている。

しかし、私がここでいう裏口は、自ら切り拓く新たな「正門」である。

例えば、一般的な採用ルートでなくても、こうした方法なら胸を張ってくれればよい。「アルバイトから正社員」のルートならズルでもイカサマでもない。

そもそも、日本人は競争嫌いな民族だ。

勝負の最善策は、戦わずに勝つことである。

「君がいて良かった」と言われる働き方をする人は、競争しない。

「いかに競争を避けて目的を達成するか」

その一点に集中している。

裏口から入れば、倍率は1.0倍へと引き下がる。

自分との戦いになるわけだ。

柔道家、嘉納治五郎(かのうじごろう)*は言った。


「人に勝つより、自分に勝ちなさい」

***嘉納治五郎**

1860～1938年。日本の柔道家、教育者。講道館柔道の創始者であり、柔道・スポーツ・教育分野の発展や日本のオリンピック初参加に尽力するなど、明治から昭和にかけて日本のスポーツへの道を開いた。

45

二者択一を迫られたら両方とる

「君がいて良かった」と言われる人は、
何事もあきらめない。

突然だが、あなたに質問がある。

重要な会議に向かう途中、荷物を持ったおじいさんが、階段を登れずに目の前で困っていたとする。

さて、あなたならどのような行動をとるか？

会議を優先して、おじいさんを見て見ぬフリするのが正解か？

否、それは半人前がすることだ。

おじいさんから「君がいて良かった」と言われる機会を自ら捨てる必要はない。

むしろ、よい仕事をしたいなら、同時に善い人を目指していなければいけない。

では、会議に遅れてでも、おじいさんを助けるのが正しいのか？

それも違う。

答えは、「おじいさんを助けて、会議にも遅刻しない」だ。

「そんなのは無理だ」と思ったかもしれない。

だが、実現は可能だ。

おじいさんを助けた後にタクシーで向かうという手もある。

近くを歩く人に協力を求めるという手もあるだろう。

「君がいて良かった」と言われる働き方をする人は、「A or B」と聞かれれば、必ず「A and B」と

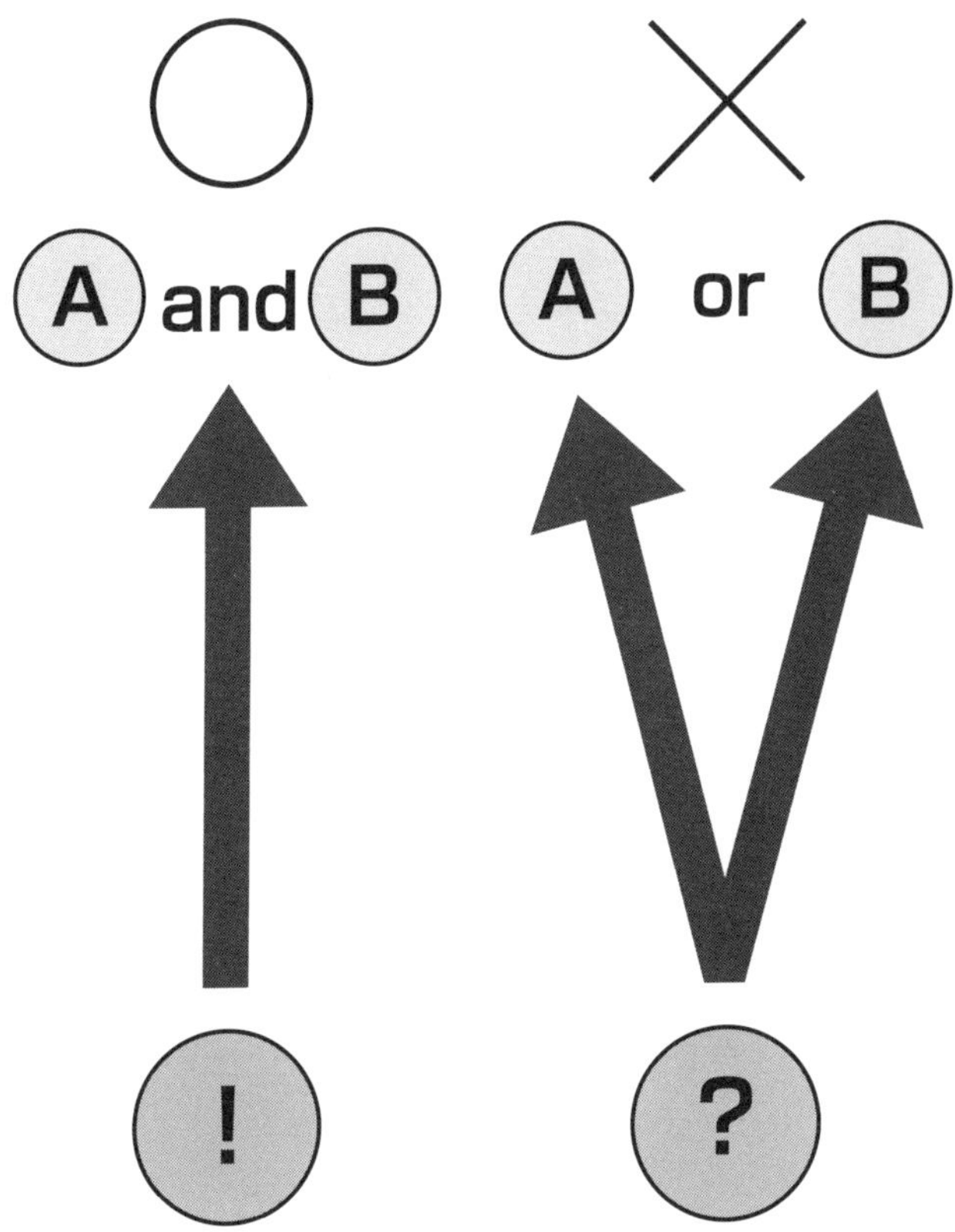
○
×
A and B
A or B
!
?

答える。

どちらもあきらめないのだ。

二者択一を迫られたら、本当に一つしかとれないのか疑ってかかろう。

世の中に、「これしか方法はない」ということはほとんどない。

両方選んでみてから、どうすればできるか、打開策を考えればよい。

案外、あっさりと両方手に入ったりするものだ。

結果、「君がいて良かった」と言われる回数は2倍に膨らむ。

ここでは、おじいさんの話を例にしたが、仕事と育児も同様だ。

両者は同じ天秤にかけて考えるべきものではない。

本来、どちらか一方しか選択できないものではないのだ。

「君がいて良かった」と言われる働き方をする人は、仕事も育児も犠牲にしない。

両方とも120％の結果を残している。

【MEMO】

Chapter6 で気づいたことや考えたことがあれば、書き留めておこう。

切り取り

【MEMO】

Chapter6 で気づいたことや考えたことがあれば、書き留めておこう。

切り取り

Chapter7
「生産性」のルール

46

「何とかできないか」と
ギリギリまであがく

「君がいて良かった」と言われる人は、
執念深い。

「生産性」と聞くと、「効率」「スピード」といったワードが連想されるだろう。
しかし、まずは「何とかできないか」とギリギリまであがく「執念」が大事だ。

「わかりません」
「できません」
「無理です」

何か相談すると、即座に口グセのようにこう返答する人がいる。
「君がいて良かった」と言われる働き方をする人は、「不可能」の文字を口にしない。
無理難題だと思っても、最後の最後まであがくこと。
それにより、不可能は「可能」になるのだ。
映画監督の黒澤明（くろさわあきら）*はかつてこう述べたという。

「これでもか、これでもかと頑張って、一歩踏み込んで、それでも粘ってもうひと頑張りして、もうダメだと思っても、ズカッと踏み込んで、そうしていると突き抜けるんだ」

---

*黒澤 明
1910～1998年。第二次世界大戦後の日本を代表する映画監督であり、国際的にも有名で影響力がある。ダイナミックな映像表現、劇的な物語構成、ヒューマニズムを基調とした主題で知られる。

四六時中そのことを考えていれば、必ず問題解決のヒントが浮かんでくる。

普段歩いている道であっても、ゴミを捨てようと意識して歩いてれば、「こんな所にゴミ箱があったのか」と気づくことがあるだろう。

意識して歩いていたからこそ、目に入ってきたのだ。

意識して歩いていれば、そうでないときとはまったく異なる景色が見えてくる。

47

システムは「性悪説」、運用は「性善説」

「君がいて良かった」と言われる人は、仕組みをつくり、仲間を信じる。

生産性を上げようとすると、今すぐにでもできる個人の改善に躍起になる人がいるが、それだけではやはり、限界がある。

生産性を向上させる上で、大切なことは、「個人」と「組織」の両面から検討することである。

組織の生産性向上とは、ズバリ、「仕組み」改善だ。

私には組織の仕組みづくりにおいて、基本としている考え方がある。

それが、「システムは『性悪説』、運用は『性善説』」である。

仲間を信用できないようでは、あなた自身、「君がいて良かった」などと口が裂けても言えないし、言われることもない。

一方で、「ウチの組織の仲間が悪いことをするはずがない」と先入観を持ってしまうのもまた問題だ。

どうしても性善説だけでは、組織は運営できないのである。

だからといって、現場レベルで逐一仲間を疑いながら働いていると、組織の雰囲気も悪化する。

そこで、実戦の中でバランスのよい組織の仕組みづくりをあれこれ試した結果、前述の考えに至ったというわけだ。

システム自体が、悪いことのできないようにつくられていれば、組織は効率よく回り出す。

例えば、「財務担当者は必ず2名以上つける」といった仕組みづくりだ。

そうすることで、未然に不正を防ぎ、信頼して任した担当者に、「魔が差しました」などと情けない言い訳をさせずに済む。

しかし、それでも日々起こりうるトラブルはゼロにはならない。

そこで、何らかしらの問題が発生した際は、その運営を性善説に則って行うという方法だ。

そうすれば、現場のすべての人が気持ちよく働くことができる。

結果、お互いを「君がいて良かった」と敬意を払えるようになるのだ。

漫画家、手塚治虫*は言った。

「人間の『善』が、つねに『悪』よりも先んじてほしいものです」

不正を防ぐ仕組みをつくり、仲間を信じて運用しよう。

---

*手塚治虫

1928～1989年。日本の漫画家、アニメ監督、医師。学位は医学博士。本名は手塚治（読み同じ）。戦後日本においてストーリー漫画の第一人者として、漫画表現の開拓者的な存在として活躍した。

48

誰(だれ)にも負(ま)けない武器(ぶき)をつくる

「君がいて良かった」と言われる人は、
複数の専門性を持っている。

「君がいて良かった」と言われる働き方ができる人は、私のこれまでの経験上、間違いなく「武器」を持っていると断言できる。

武器とは、「誰にも負けない強み」のことである。

武器を身につけるには、一つの仕事を極限まで磨き上げる必要がある。

大事なことは、武器の内容そのものよりも、「これだけは自信がある」と胸を張って言えるくらい一つのことを頑張り抜いた経験だ。

具体的には、特定分野の本を最低100冊読めば、その道の専門家になれる。

また、「1万時間の法則」といって、一つのことに1万時間没頭すれば、それは仕事としても通用するレベルの武器になる。

1万時間と聞いて、どれほどの時間かイメージしにくいだろう。

仮に、1日5.5時間費やしたとして、5年間取り組めば約1万時間だ。

この時点であなたは100人に1人の逸材になれる。

「君がいて良かった」と言われる働き方をする人は「稀少性（きしょうせい）」が高い。

稀少性とは、「滅多にお目にかかれない存在」である。

さらに別の分野で同様に取り組めば、「100人に1人」×「100人に1人」で1万人に1人の逸材になれる。

こうして専門性を二つ、三つと加えることで、結果として自分の価値を上げていくことができる。

その際、似通った専門性よりも、異なる分野の掛け合わせの方が希少性を高められる。

例えば、私の場合、経営学領域で「リスクマネジメント」と「マーケティング」、教育学領域で「キャリアデザイン」を専門として持っている。

リスクマネジメントやマーケティングの専門家は世の中に大勢いる。

キャリアデザインの専門家も世の中に大勢いる。

だが、その三つの分野を掛け合わせた専門家は、これまで聞いたことがないだろう。

一つのことを徹底的に続けた先に、「君がいて良かった」の一言が待っている。

49

できる自信より、「できるまで諦めない自信」

「君がいて良かった」と言われる人は、
挑戦を途中でやめない。

「君がいて良かった」と言われる働き方をする人は、例外なく自信家だ。

しかし、それは、「必ず勝つ自信」があるというわけではない。

この世に「絶対」はない。

特に、仕事ではどれだけ頑張っても勝ちにつながらないこともある。

それは現実的な話として仕方のないことだ。

どんなに能力が優れた人でも、どんなに勝負強い人でも、すべての仕事で勝つことは不可能なのである。

しかし、「君がいて良かった」と言われる働き方をする人の中には、そこで諦める人は一人もいない。

彼らは勝つ自信はなくとも、「勝つまで諦めない自信」を持っている。

10回、20回の失敗は当たり前。

何百回、何千回という負けを経験して、それでもなお、挑戦をやめようとはしない。

改善に改善を重ね、結局は勝ちを力ずくで手に入れてしまう。

一度決めたら、最後までやり通す、まさに「ダンプカー」のようだ。

何を隠そう、私も処女作を出版しようと思いたった学生時代、20社、30社に企画を送ったが、不採用だった過去がある。

それでも諦めずに、試行錯誤しながら送り続けたところ、ちょうどタイミングよく1社からお声がかかった。

その後、無事に出版にこぎ着け、出版デビューを果たしたのだ。

途中で諦めていたら、今でも本を出版することは実現できていなかったかもしれない。

諦めた瞬間、未来の扉は閉ざされる。

裏を返せば、諦めない限り、道はあなたの目の前に拓けているのだ。

発明家、トーマス・エジソン*は言った。

「私たちの最大の弱点は、諦めることにある。成功するために、最も確実な方法は、つねにもう一回だけ試してみることだ」

＊トーマス・エジソン

1847〜1931年。アメリカ合衆国の発明家、起業家。傑出した発明家として知られ、生涯におよそ1300もの発明と技術革新を行った。

50

「自分が最強」である必要はない

「君がいて良かった」と言われる人は、
仲間に恵まれている。

私が起業したのは、20代前半だった。

本来、武器であるはずの「若さ」が、時として不利に働くこともあると知った。

つまり、「経験不足」である。


「年齢差を縮めることはできないが、経験の差を埋めることならできる」


そう考えた私は、それから「一次情報」を積極的に活用するようになった。

一次情報とは、自ら直接、人に会って見聞きした現場情報のことだ。

本当に大切なことは、ググっても出てこない。

そこで、仲間の力を借りようとしたのだ。

私はつくづく仲間に恵まれた人生だと思う。

幸いにも、前職では経験豊富で優秀な先輩方と出会うことができた。

その方々に、改めて仲間に加わっていただくために、2年間かけて、全国津々浦々まで足を運び、
誠心誠意に頭を下げた。


「こんな私だが、どうか力を貸してほしい」

その思いが相手の心に届いたのかもしれない。

私より20も30も年上の先輩が、親身に相談に乗ってくださった。

中には、奇跡的に弊社に入社してくださる方もいらっしゃった。

その時、私は悟った。

今までは働く上で「自分が最強」でなければならないと思い込んでいた。

しかし、大事なのは、完全無欠な人間になることではない。

自分の足りない部分を補ってくれる仲間を、どれだけ引き寄せることができるかである。

志は一人では成し遂げられない。

志を志で終えないために「仲間」がいる。

自分が最強である必要はない。

自分の周りが最強であればそれでよい。

無論、あなたが仲間から必要とされる人間でなくてはいけないことは言うまでもないが、あなた自身も仲間を必要としていなければ、望む働き方は実現できない。

「君がいて良かった」と言われる働き方をする人は、いつも強力な仲間に支えられている。

【MEMO】

Chapter7 で気づいたことや考えたことがあれば、書き留めておこう。

切り取り

【MEMO】

Chapter7 で気づいたことや考えたことがあれば、書き留めておこう。

切り取り

Epilogue

さて、「Epilogue」である。

最後まで読んでくれてありがとう。

いかがだっただろうか？

本書では、「君がいて良かった」と言われる働き方を追求するためのルールを50個に厳選してお伝えしてきた。

すべての項目が、あなたに響くとは思わない。

だが、一編だけでもいい。

あなたの心に刺さるメッセージがあれば、著者としてこれほど嬉しいことはない。

働き方とは、生き方そのものである。

働き方にはその人の人間性が滲（にじ）み出（で）る。


「君がいて良かった」

この一言は、そう考えると、働くすべての人にとって最高の褒め言葉になるに違いない。あなたが一人でも多くの仲間から、この言葉をもらえることを心から願っている。

末筆になるが、この本を世に送り出すにあたって、多くの方のお力添えをいただいた。この場を借りして謝辞を述べさせていただきたい。

まずは、KKベストブックの向井弘樹氏に感謝申し上げたい。

今回、ご縁があって企画段階から編集まで親身にご指導いただき、大変お世話になった。執筆の途中、幾度となくくじけそうになったこともあったが、その度に、温かい言葉をかけてくださり、具体的なアドバイスをくださった。

著者にとってこれほど心強い存在はない。

「向井さんがいてくれて良かった」とつくづく思う。

本書は二人三脚で作り上げた賜物である。

最後に、いつも私を支えてくれる家族、仲間に心からの感謝を込めたい。

特に今回は私の実弟である義彦のためを思って書いた。

今後の益々の活躍と期待を込めて、本書を捧げる。

「この本を読んで良かった」

本書を手にした読者に、そう言ってもらえたら著者として本望である。

またどこかであなたにお会いできる機会を楽しみにしている。

２０２１年４月吉日

御殿山の桜を眺めながら

小杉樹彦

参考文献・引用等

・小杉樹彦『20代で身につけたい働き方の基本』（新評論）
・小杉樹彦『就活の鬼十則』（ワニブックス）
・WRITES PUBLISHING『大切なことに気づく３６５日名言の旅』（ライツ社）

最大級の感謝を込めて

小杉樹彦（こすぎたつひこ）

株式会社 Brave New World 代表取締役 CEO／上武大学 ビジネス情報学部 専任講師。1986 年 4 月 7 日、東京都港区生まれ。品川区育ち。血液 O 型。慶應義塾大学大学院修了後、一貫して教育業界に従事。教育ベンチャー KOSSUN グループ（現・株式会社 Brave New World）を創業。高校生から社会人まで数多くのキャリア支援に携わる。現在は、大学で教鞭を執るかたわら、教育評論家として NHK、日経など TV から雑誌まで幅広いメディアで活動中。専門分野は、経営学（リスクマネジメント、マーケティング）、教育学（キャリアデザイン）。『世界一わかりやすい 20 秒プレゼン実践メソッド 特別講義』（秀和システム）、『就活の鬼十則』（ワニブックス）、『勝者のプレゼン』（総合科学出版）、『20 代で身につけたい働き方の基本』（新評論）ほかロングセラーを多数執筆。

本書に関する取材・講演・連載のご連絡は、下記の問い合せ先へ。
E-mail：info@kossun.jp
ツイッター：https://twitter.com/TatsuhikoKosugi
フェイスブック：https://www.facebook.com/tatsuhiko.kosugi.1

若い君に贈る 50 のルール
仕事の処方箋

2021 年 6 月 17 日 第 1 刷発行

著　　者　小杉 樹彦
発 行 者　千葉 弘志
発 行 所　株式会社ベストブック
〒 106-0041 東京都港区麻布台 3-4-11
麻布エスビル 3 階
03（3583）9762（代表）
〒 106-0041 東京都港区麻布台 3-1-5
日ノ樹ビル 5 階
03（3585）4459（販売部）
http://www.bestbookweb.com
印刷・製本　三松堂株式会社
装　　丁　町田貴宏

ISBN978-4-8314-0242-4 C0034